Khwaab

Ek Aarzoo

Vidya Singh

BookLeaf Publishing

India | USA | UK

Made with ❤ on the BookLeaf Publishing Platform
www.bookleafpub.in
www.bookleafpub.com

Dedication

This book is dedicated to the readers who will find a soul to connect and and an emotion to depict when no one is listening to them. Just be your own peace, everything else s noise of the crowd.

Preface

This book is very close to my heart since it was a childhood dream to have a book written by my name.

It actually showcases the emotions, feelings and one's true self as it brings the writers deep thoughts about how to live. understand and manage to be a lone wolf and being the social animal both at the same time.
As situation says you need to act according to me. Being soulful, emotional and being tough, strong at the same time is difficult but time and people teach us all.

So, it is a blend of both the worlds - Silence and Noise.
Also there is an effort to let the readers feel the emotions without being judged of getting understood.

Acknowledgements

As a process of writing this book , I would sincerely like to thank my college friends who have deeply motivated me to continue this journey . Yes, there was lots of fear that whether I should take this move but now finally I gave a chance to my dream, my passion .

Not only this now I want to specially thank my spouse, my biggest supporter and my love - Mr. Vishal Dev Singh. The person who is not that interested into reading and writing but he always inspires my writing to take it to the next level without having a second thought in my mind.

Also I thank my in-laws who kept me positive towards my writing journey. and keep supporting me always with the biggest smile.

1. Mere Banarasi Baabu!

ओ बनारसी बाबू आज कुछ लिखे है सुनाए क्या?
मिलन हुआ है विश्वनाथ से बैजनाथ धाम का
घाट का कोयला खदान से

तो सुनिए,
तुम हो मिठास मलइयो वाली
मैं हु मधुलिका की चाशनी
तुम हो सुकून गंगा घाट की
वहां मिलती चाय की बात की
मैं हु बीसीसीएल के कोयल खदान सी
तुम हो आनंद शाम की गंगा आरती वाली
मैं शक्ति मंदिर पे लगती भीड़ वाले द्वार सी
तुम हो चंचल बनारस की गलियों वाली
मैं शांत बनियाहिर की व्यवहार सी
तुम हो मनमोहक काशी के चाट जैसे
मैं समोसा शंकर के दुकान सी
तुम हो भोले प्रभु विश्वनाथ वाले
तुम हो दिल में बस जाने वाले संकट मोचन के प्रसाद जैसे
तुम हो निश्चल दुर्गा कुंड जैसे
तुम हो सचेत काशी के कोतवाल जैसे
तुम हो चाहत सनबीम की
मैं तूफान डी ए वी की क्लास सी
तुम रौनक हो गोदौलिया के बाज़ार सी
तुम हो चर्चा लंका के ठहाको सी

तुम हो एस आर एम की रंगत जैसे
मैं वि वि आई टी की फीकी नाम सी
और क्या ही कहे तुमसे
तुम हो और तुम्ही हो
मेरे भोले विश्वनाथ से
मैं बस दासी तेरे नाम की
मैं बस दासी तेरे नाम की

2. Shlok

तेरा होना मेरे लिए सपना था या हकीकत ये मन जानता नहीं
तू अक्स या अरदास मन मानता नहीं
तेरी झिलमिल सी सूरत को अपना मान मन बैठा
तेरी हल्की हल्की सरसराहट को रूह जान सा बैठा
तुमसे मिलने को मैं दिन गिनते गिनते
वक्त कहीं रुक न जाए दिल थाम सा बैठा
और यकीन तब हुआ मुझको
जब तू मेरी दुनिया में आ के पहली बार रोया
और रोया भी ऐसे मेरे शरीर का हिस्सा कांप सा बैठा
अब बस तुझे देखने को तरसने लगी निगाहें
तेरे स्पर्श से, तेरे चेहरे से, तेरी मासूमियत में दिल यूं पिघला मेरा
बस तब समझ आया
उफ्फ ये मोहब्बत
हाय ये मोहब्बत
मेरी आखिरी मोहब्बत
मेरा दिल, मेरी धड़कन,मेरी जान हो तुम
मेरी जिंदगी का सार, मेरा संसार हो तुम
मेरी पूजा, मेरा प्रसाद, मेरा ग्रन्थ हो तुम
मेरे श्लोक हो तुम
मेरे श्लोक हो तुम

3. Jazbaat

ये फूली हुई आंखे तेरी जरूरतें जज़्बात कहती है
जो तुम लफ्जों से कह न सके
वो तेरी ये धीमी मुस्कान कहती है

4. Goonj

वो मैं कर लूंगी से मुझे करना होगा तक
वो बचपन से जवानी तक
और बुढ़ापे की रवानी तक

रोटी बनाने से रोटी कमाने तक
ताने सुनने से उनको आजमाने तक
की
मैं मोटी हु, पतली हु
मैं लंबी हु, मैं छोटी हु
मैं गोरी हु, मैं काली हु
मैं लापरवाह हु, मैं जिद्दी हु
मैं बेबाक हु, मैं बेधड़क हु
मैं कड़वी हु, मैं सच्ची हु
मैं मेहनती तो हु पर काबिल नहीं
मैं तेज़ हु पर खामोश नहीं
मैं समझदार हु पर बुद्धू नहीं
मैं इंसान अधूरी हु
क्यों कि पूरा तो सिर्फ भगवान है
और मुझे देवी एक दिन बना के
मत करो मेरी पूजा

मैं खुश हु
मैं जैसी हु बेहतरीन हु
न तारीफ न ताने

ना फालतू के जुमले न वादे
मैं मुक्कमल इंसान हु ,इंसान रहने दो
देवी का मुझे तुम स्थान मत दो
मुझे भी एक आम सा इंसान रहने दो
मुझे भी एक आम सा इंसान रहने दो

5. Chai

की उसने पूछा चलो चले
मैने भी हस कर कह दिया चलो बड़ी देर हो गई

वो भी इंतजार में होगी
की मुझे बुलाया और खुद देर से आए हो

पर सवाल है कि मिलना किस से है?
मिलना किस से है?

भाई वही!
जी हां वही!
जिसके बिना सुबह शाम अधूरी है
आंगन की अखबार अधूरी है
मां की भोर की पुकार अधूरी है
हर तफरी हर चौराहे हर गाली की बात अधूरी है
सुबह का नाश्ता और रात की टीवी सीरियल
गप्पे और बरसात अधूरी है
ठंड की अलाव अधूरी है
गर्मी की लू में भी मिल जाए तो बन जाती हर बात पूरी है
जिसके बिना आधा देश सुबह उठ नहीं सकता
सरकारी दफ़्तर से निजी ऑफिस
स्कूल, अस्पताल में शुरू होने वाली हर काम अधूरी है

बस वही जी हा वही

जिसके बिना जीवन बेरंग और दिन की शुरुआत अधूरी है
जो ज्यादा हो तो और भी अच्छा
कम हो तो दोबारा मिलने की आस पूरी है

अजी हा वही
जो एक कुल्हड़ में समा जाती और मन को तृप्त करने वाली
बस एक चाय पूरी है
एक चाय पूरी है

6. Shehr Aur Gaon

एक रोज़ शहर गांव आया था सुकून की तलाश में
सुकून पर क्यों?

क्यों कि शहर थक गया था
रोशनी की चकाचौंध में बहक गया था
वो माचिस के डिब्बों वाले कमरे में सिमट गया था
ऑटो और रिक्शे की दौड़ लगाते लगाते थम गया था
ऐशो आराम की जद्दोजहद में लग गया था
नींद खो कर तनख्वाह आने के सपनो में खो गया था

क्यों कि शहर थक गया था
सुबह की शुरुआत अब चिड़ियों और कोयल की गूंज से नहीं, मेज़ पर रखी अलार्म घड़ी से हो रहा था
नाश्ता करो या न करो पर वक्त पर दफ़्तर में हाजरी लगाना आवश्यक हो गया था
कुछ जमापूंजी हो या न हो पर काम पूरा होना चाहिए ये तय हो चुका था
अपनी ही छुट्टी का कारण बताओ आवेदन देना मजबूरी हो गया था
छुट्टी पर घर जा कर वापस आना मानो जिंदगी के थाने में कैद होना हो ये तय हो चुका था

क्यों कि शहर थक गया था
जो मिल जाते थे खेत खलिहानों से मुफ्त में कभी उनकी कीमत शहरों में बहुत ज़्यादा लग चुका था

यहां राशन, पानी, बिजली, दूध,दूरभाष सबका बिल भी तय हो चुका था
ज़रा से वेतन पर कुछ न बच पाना भी साझा हो चुका था
और खुशनसीब है वो
जिन्हें मिल जाते है लोग सही, और हर इंसान के मुखौटे की पहचान लगाना भी मुश्किल हो रहा था

बस इसलिए शहर थक गया था
गांव की सुकून में सुकून ढूंढने निकल पड़ा था
चारपाई पर बैठ कर, अंबिया के पेड़ तले , चिड़ियों की चहचहाहट में कुछ पल खो जाना चाहता था
सुकून की नींद में खुद को पिरो देना चाहता था
शहर थक गया था

7. Dost

कभी कभी मिल जाओ
हसी मजाक में जिक्र की तरह
कभी संगीन बातों में फिक्र की तरह
कभी अड्डो पर हुई किसी एक याद की तरह
कभी साथ में ली गई तस्वीर की तरह

ठंड में चाय पकोड़े की जुगलबंदी की तरह
गर्मियों में मिलने वाली शिकंजी की तरह
बारिश में जूते उतार झूमते उस पागलपन की तरह
और कभी यू ही
नकल उतारते उस बेबाक बचपन की तरह

ऐ दोस्त कभी कभी मिल जाओ
हसी मजाक में जिक्र की तरह
कभी संगीन बातों में फिक्र की तरह

8. Zindagi

ए जिंदगी तूने क्या खूब सिखाया है
चंद मौहलत की फुर्सत को बड़ी तेज़ भगाया है
तुझे गले लगाते भी तो कैसे
तुझे गले लगाते भी तो कैसे
तूने इस छोटी सी जिंदगानी में मुझे मक़सद भी तो अनगिनत दिलाया है

9. Waqt

आज तुमसे कुछ बहुत खास चाहिए
यू समझ लो थोड़ा सा उधार चाहिए
बहुत ज़्यादा तो नहीं
हमारा वक्त मुझे बेशुमार चाहिए

वो भोर की भीनी सी मुस्कान चाहिए
तुम्हारे चहकते से चेहरे की बहार चाहिए
बहुत ज़्यादा तो नहीं
हमारा वक्त बेशुमार चाहिए

वो तुम्हारी बालो को चंपी करते वक्त
होती गपशप हर बार चाहिए
बहुत ज़्यादा तो नहीं
हमारा वक्त बेशुमार चाहिए

वो बाजार में भी बताशे मेरे हाथो से
खाने वाली ज़िद्द हर बार चाहिए
बहुत ज़्यादा तो नहीं
हमारा वक्त बेशुमार चाहिए

वो मेरी नाराज़गी पर मुझे मानने
वाली तुम्हारी शरारत भरी हरकते हर बार चाहिए
बहुत ज़्यादा तो नहीं
हमारा वक्त बेशुमार चाहिए

वो सर्द हवाओं में तुम्हारे हाथ की बनी चाय
मुझे हर बार चाहिए
बहुत ज़्यादा तो नहीं बस वो
हमारा वक्त फिर से बेशुमार चाहिए

10. Nidarr

अब डर नहीं मर जाने का!

खुदा से मिल खुदा का हो जाने का
वो हर शहर को छान लू
जो छूट रहा पहचान लू
ना जाने कितनी बची है जिंदगी
जितनी है उसमे अब खुद को जरा पहचान लू

सबके लिए हूं जी लिया
खुद से खुद की खुद के लिए वक्त निकाल लूं
अक्स हू तो क्या हूं
खुद में ही खुद की आह हूं
बेपरवाह एक आगाज़ हूं
बेफिकर ,बेसबर एक राज़ हूं
सुर्ख मन की खामोश सी आवाज हू

निडर हूं अब मौत से
अपनी रूह का जागता खौलता सा प्रयास हूं
जो लौह सी बरस पड़े वो बंजर जमीन की पुष्प का आधार हूं
वो मोम सी दरिया नहीं पत्थरो का शिल्पकार हूं

अब मौत से डर नहीं
हर बात का जवाब हूं
हर बात का जवाब हूं

11. Samajh

लगना है तो गले लगो
गले पड़ना सबको आता है

बनना है तो हमदम बनो
हमबिस्तर होना सबको आता है

पोंछ सको तो किसी के अश्क पोंछो
अश्क बहाना सबको आता है

किसी की एक मुस्कान बनो कभी
मुस्कान चुरा लेना सबको आता है

निभा सकते हो तो हाथ थामो
हाथ छोर देना सबको आता है

और दिल संभाल सको तो ही चुराना
तोड़ देना सबको आता है

किसी की जिंदगी की उम्मीद बनो
नामुम्मिद करना सबको आता है

रोशनी करना आता हो तो ही ज़िन्दगी में आना
ज़िन्दगी को अंधेरे से भर देना सबको आता है

ज़िन्दगी जीना आता हो तो ही आना
ज़िन्दगी ले लेना सबको आता है

12. Seekh

हर बार जीत होती तो हार कहा से देखते
दिल इतने ही मजबूत होते तो
टूटे हुए दिलो के बाज़ार कहा से देखते

फर्क इतना सा है जनाब
के अगर हर इंसान में भगवान बसता
तो हम इंसानों में शैतान कहा से देखते

कभी मिल जाते है
फ़रिश्ते राह चलते और हम उन्हें फकीर है समझते
हम उनको इंसान भी कहा समझते

13. Sukoon

कभी कभी शोर में भी सुकून मिल जाता है
तो कभी ख़ामोशी भी बहुत आवाज़ करती है

14. Ishq

इश्क़ उजालों में करो तो माने तुम्हें
अंधेरों में तो सिर्फ नुकसान होता है

मोहब्बत रूह से करो तो माने तुम्हें
आबरु से तो सिर्फ खिलवाड़ होता है

चाहत मेरी शकसियत से करो तो माने तुम्हें
बेपर्दा करना तो सिर्फ एक मज़ाक होता है

इबादत मेरी आदत से करो तो माने तुम्हें
बदनाम तो सिर्फ किरदार होता है

इश्क़ करो तो शिद्दत से उजालो में करो हमदम
अंधेरों में सिर्फ भूख का इलाज़ होता है

15. Doli se Dafan tak

डोली से दफन तक
तेरा ही हाथ साथ चाहिए
तेरे ही होने का आभास चाहिए
मेरे मै रहु ना रहु
मुझमें तू हर बार चाहिए
मेरे नजरो को तुझे देखते रहने का
वरदान चाहिए
तेरे रुखसार पे मेरे नाम की मुस्कान चाहिए
तेरे नैनो मै अशको की ना कोई बौछार चाहिए

डोली से दफन तक
मेरे हाथो मै तेरा हाथ चाहिए
भोर की खिलती धूप से,शाम की ढलती चांदनी तक
मेरी हर पल होती तेरे नाम के अरदास का
तू ही अनोखा अवतार चाहिए
कहानियों सी अधूरी दास्तां नहीं
मुझे हकीकत का राबता चाहिए

डोली से दफन तक
डोली से दफन तक

16. Atrangi Khayal

कुछ अतरंगी खयाल है!

जाने क्या हाल है
वो जो बरसों से
ना पसंद हो रही थी स्याही
आज उसी से कोई अपनी कहानी लिखने को बेहाल है

कुछ अतरंगी खयाल है!

17. Dil-lagi

वो जो छोटी मोटी लगी है
उस लगी को संभाल लेंगे

पर

वो जो लगी है दिल से दिल की
उस दिल्लगी का कहा इलाज करेंगे??

18. Beparda

बेपर्दा करने की प्रथा में
उन्होंने दुपट्टा भेजा है हमे तोहफे में

ज़रा गौर फरमाइए

और परवाह सलामत रहे हमारा
इसलिए बेपनाह मोहब्बत भेजा है
हमारे आंचल में उन्होंने

यूं तो बहुत मिले होंगे आशिक़ बाज़ार में
तुम जैसा तो बस मिलता है मंदिर, मस्जिद या दरगाह में

किस्मत हमरी बुलंद है
के एक झोंका हमे भी मिला तेरे दीदार में
राह में चले भी , बिछड़े भी पर सलामत रहे तू हमेशा
यही दुआ है दिल के दरबार में

19. Preet

ना मै मुजरिम
ना तू गुनेहगार पिया

ना मै गीत
ना तू साज़ पिया

ना मै मोती
ना तू हार पिया

ना मै धूप
ना तू है छाव पिया

ना मै दुआ
ना तू मेरा अरदास पिया

ना मै पाज़ेब
ना तू घुंघरू की झंकार पिया

मै नीश्चल पावन पाख प्रेम तेरा
और तू मेरा प्रेम - संग्रहालय
तू ही मेरी पाठशाला
मेरी हर पुस्तक
तू ही मेरा हर ग्रंथ पिया
तू ही मेरी हर पाठ्य पृष्ठ का

तू ही मेरा प्रेम ग्रंथ पिया
तू ही मेरा प्रेम ग्रंथ पिया

20. Seerat

जिस दिन सूरत नहीं
सीरत से प्यार हो जाएगा
उस दिन वो चांद भी शर्मा जाएगा
के उसे टक्कर देने
कोई तो फरिश्ता ज़मीन पर आ जाएगा

21. Kaash

काश कोई हमसे इतनी मोहब्बत कर पता
हम पास होते
और वो हमे खोने से डरता जाता

के रस्ते में चलते हुए
नज़रों में मुझे भरता
और सड़क की दूसरी तरफ मुझे सुरक्षित करता

और कोई बुरी नज़र से देखने को कोशिश
जो करे
कंधे पे मेरे हाथ रख
अपनापन सा महसूस करवाता

बीमारियों में मेरी
वो बूधू सा भूखे पेट सो जाता
मेरे गम को अपना अश्क बन बहता

खुशियों में ,तरक्कियो में मेरी
जश्न वो मानता
जो मेरे मां बाप को अपना
और अपने मां बाप को मेरा कर जाता

जो मेहलो जैसी इमारत नहीं
छोटा सा आशियां बनाता

मै लड़ती भी तो
हर बार माफी वो मांगता

मुझे बच्चों सी शरारत करने पे
मेरा साथ निभाता
मै तुमसे नफरत करती हूं केह के मै लड़ती
और वो मुझे तुमसे बहुत प्यार है केह के
हर बार मानता

दुनिया हार भी जाए मुझसे
वो मुझे जीत जाता
मै जैसी हूं
मुझे वैसा ही अपनाता

काश कोई हमसे ऐसी मोहब्बत कर पाता
हम पास होते
और वो मुझे खोने से डर जाता

www.ingramcontent.com/pod-product-compliance
Lightning Source LLC
Chambersburg PA
CBHW070653240926
51846CB00003BA/894
9789369532278